# AYMARA BÁSICO
## PARA PRINCIPIANTES

¡Todo lo que necesitas saber para empezar a hablar ya!

Román Pairumani Ajacopa

**La Paz – Bolivia**

# AYMARA BÁSICO PARA PRINCIPIANTES

Todo lo que necesitas saber para empezar a hablar ya!

**Autor:**
© Román Pairumani Ajacopa

**Correo electrónico:**
romanpai@hotmail.com

**Celular:**
Cel. +591 73256014

Diseño y diagramación: Román Pairumani A.

1ra Edición – electrónica

**ISBN:** 9781729254820

Octubre de 2018

La Paz – Bolivia

# DEDICATORIA

A mis hijas: Samanta y Zhoemi
A mi compañera de vida Alejandra
A mis padres: Andrés y Lorenza
A mis Hermanos: Julián, Elvira y Ramiro
A mi pueblo Sullkatiti Titiri

Román Pairumani Ajacopa

# Índice

*"En el idioma está el árbol genealógico de una nación"*

Samuel Johnson

## QALLTAWI / INTRODUCCIÓN

El aymara es una lengua ancestral que ha perdurado desde muchos años hasta la actualidad. Según varios estudiosos, el significado de la palabra aymara proviene de "JAYAMARARU" (jaya=lejos; mara=año; aru= lengua/idioma) que traducido al idioma español significa lengua de muchos años, es por eso que se denomina al idioma aymara como una lengua milenaria o ancestral.

# J A Y A M A R A R U

Jaya = lejos;   mara = año;   aru = lengua/idioma

Traducido al español: *LENGUA DE MUCHOS*

*AÑOS/LENGUA ANCESTRAL*

El idioma aymara se viene estudiando por mucho tiempo   atrás (siglo XVII), en 1612   Ludovico Bertonio empezó a identificar las vocales y las consonantes a partir de los signos del Latín (Laime, 2005, pág. 9), desde entonces surgieron otros autores que han escrito sobre este idioma, pero sin una normalización en cuanto a la escritura, es decir se escribía como se hablaba sin ninguna regla gramatical, recién en el año 1984 se ha oficializado el alfabeto fonético del idioma aymara mediante el D.S. Nro 20227.

Aprobado en el Seminario para la Educación Intercultural Bilingüe, efectuado en la ciudad de Cochabamba del 8 al 12 de agosto de 1983, y fue aprobado en el año 1984 por el D.S. No 20227.

Actualmente, este idioma se escribe como el castellano con un alfabeto tradicional conocido como "fonemas", pero debemos tener presente de que el idioma aymara no es igual al castellano, la escritura de las palabras aymaras es larga "aglutinante" porque a partir de una palabra raíz se puede ir agrupando gran cantidad de sufijos, además el aymara es sufijante debido a que en la estructura de las palabras de este idioma intervienen una gran cantidad de sufijos, por otro lado en el aymara existe elisión y retención vocálica, además en el aymara existen tan solo 3 vocales (i/a/u), todo esto ha generado grandes dificultades de aprendizaje de este idioma (Chavez & Chambi, 2010, pág. 7).

Tomando en cuenta las características del aymara: AGLUTINANTE Y SUFIJANTE, podemos mostrar el siguiente ejemplo:

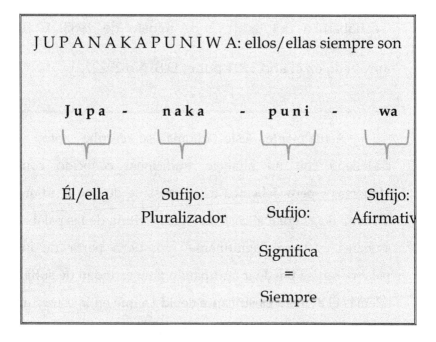

J U P A N A K A P U N I W A: ellos/ellas siempre son

Jupa - naka - puni - wa

Él/ella    Sufijo: Pluralizador    Sufijo:    Sufijo: Afirmativ

Significa
=
Siempre

El aymara es hablado en diferentes regiones de la parte occidental (Altiplano) de nuestro país, y del continente Sudamericano, en los países de: Bolivia, Perú, Chile y Argentina, ahora con la migración se puede observar que en diferentes países se puede escuchar hablar este idioma.

Actualmente, en nuestro país se está dando una mayor importancia al idioma aymara, además  de otros idiomas originarias (nativos) de otras culturas, mediante disposiciones legales, por lo cual, es importante facilitar la práctica del habla del idioma aymara para los hablantes monolingües y hablantes bilingües.

A través de este idioma podemos conocer las creencias, valores, los comportamientos, la música y toda la sabiduría de nuestras culturas antepasadas. Por lo que, con este material se pretende fortalecer y profundizar la cultura y el idioma aymara, de tal forma que pueda mejorar las interrelaciones comunicativas entre los hablantes del idioma aymara y el castellano u otro idioma.

Este texto contiene unidades básicas para aprender el idioma aymara de manera fácil, cada uno de estas unidades cuenta con conversaciones, vocabulario y las instrucciones de la unidad, de tal forma que pueda ser útil además para facilitar el aprendizaje rápido del lector.

Este texto se ha logrado en base a la experiencia personal, siendo mi primer idioma (L1) el aymara y la enseñanza – aprendizaje, esperamos que pueda contribuir al aprendizaje de este idioma al lector.

*"Si no conozco una cosa, la investigaré".*

Louis Pasteur

## 1. AYMAR QILQANAKA / SIGNOGRAFÍA AYMARA

En el idioma aymara se conoce a las letras como fonemas, signos o grafías y no así como 'alfabeto' o el 'abecedario' como en el castellano, se denominan así porque en el aymara no tenemos algunas letras al igual que el idioma castellano (b, c, d,… etc.), al no existir esta orden determinado de las letras en aymara no se denomina alfabeto (alfa, beta… = Griego) ni abecedario (a, b, c… = Latín). Es así que en aymara se conoce al conjunto de letras como fonemas, grafías o signografía aymara.

En la escritura del idioma aymara existen 26 consonantes, en aymara se denomina *amut salla qilqanaka*, 3 vocales en aymara *qhana salla qilqanaka*, 1 diéresis (¨) conocido como el alargamiento vocálico en aymara *aru jiyatattayiri*, además de 1 glotal (') en aymara *phallsu qilqa*.

- 26 consonantes (amut salla qilqanaka)

- 3 vocales (qhana salla qilqanaka)

- 1 diéresis (¨) alargamiento vocálico (aru jiyatattayiri)

- 1 glotal (') (phallsu qilqa)

A continuación se muestra el cuadro fonético, la misma contiene todos los fonemas mencionadas anteriormente. Además, en el cuadro se muestra los puntos de articulación de cada uno de las letras y los modos de articulación.

En la columna izquierda del cuadro muestra los modos de articulación de cada fonema (kunjams arsuña), es decir cómo se pronuncia cada uno de los fonemas; y en la fila superior del cuadro se muestra los puntos de articulación de cada fonema (Janchiwjat arsurinaka).

Este cuadro se constituye como una herramienta básica para el aprendizaje del idioma aymara:

*Román Pairumani Ajacopa*

## Tabla 1

### *Cuadro fonético del idioma aymara*

| Modo de articulación (Kunjams Arsuña) | | Punto de articulación (Janchiwjat arsurinaka) | | | | | |
|---|---|---|---|---|---|---|---|
| | | Bilabiales | Dentales | Palatales | Velares | Post-velares | Glotal |
| Oclusivas (Llupt'irinaka) | Simples (Jasanaka) | p | t | | k | q | |
| | Aspiradas (Phusirinaka) | ph | th | | kh | qh | |
| | Explosivos (Phallirinaka) | p′ | t′ | | k′ | q′ | ′ |
| Africadas (Qaqtirinaka) | Simple (Jasa) | | | ch | | | |
| | Aspirado (Phusiri) | | | chh | | | |
| | Explosivo (Phalliri) | | | ch′ | | | |
| Fricativas (Qaqurinaka) | | | s | | j | x | |
| Nasales (Ñasa Manqhata) | | m | n | ñ | | | |
| Laterales (Thiyanaka) | | | l | ll | | | |
| Vibrante simple (Karariri) | | | r | | | | |

| Semiconsonantes (Niy arsurinaka) | w | | y | | | |
|---|---|---|---|---|---|---|
| Vocales (qhana salla qilqanaka) | i | | u | | | |
| | | a | | | | |
| Alargamiento Vocálico (aru jiyatattayiri) | | | .. | | | |

**Fuente:** En base a SAAD – Radio San Gabriel

Es importante que se pueda realizar los ejercicios de pronunciación a fin de que se pueda familiarizar con la pronunciación de los fonemas.

### 1.1.  Qhananchawi / Aclaraciones

**Oclusivas simples:** /p/, /t/, /k/, /q/ se pronuncian al igual que en el idioma castellano, a excepción de la letra /q/, esta tiene un sonido diferente, además no trabaja como en castellano con la letra /u/, en aymara trabaja de manera independiente. La pronunciación es glotalizada, es decir, en el momento de la pronunciación se articula desde la parte glotis, a medida que vaya practicando se irá familiarizando.

**Oclusivas aspiradas:** /ph/, /th/, /kh/, /qh/ estos fonemas en el momento de la pronunciación se realiza un soplo laríngeo (aspiración).

**Oclusivas explosivas:** /p'/, /t'/, /k'/, /q'/ estos fonemas llevan el apostrofe ('), por lo tanto en el momento de la pronunciación se presenta una explosión del sonido.

**Africada simple:** /ch/ este fonema se pronuncia al igual que en el idioma castellano.

**Africada aspirada:** /chh/ este fonema en el momento de la pronunciación se realiza un soplo laríngeo.

**Africada explosiva:** /ch'/ ese fonema lleva el apostrofe por lo tanto en el momento de la pronunciación se presenta una explosión del sonido.

**Fricativas:** /s/, /j/, /x/ se pronuncian al igual que en el idioma castellano, a excepción de la letra /x/, este último se pronuncia a parecido a la letra /jj/ en forma fricativa, es decir al momento de pronunciar como si estuviera raspando.

**Nasales:** /m/, /n/, /ñ/ se pronuncian al igual que en el idioma castellano.

**Laterales:** /l/, /ll/ se pronuncian al igual que en el idioma castellano.

**Vibrante simple:** /r/ se pronuncian al igual que en el idioma castellano.

**Semiconsonantes:** /w/, /y/ se pronuncian al igual que en el idioma castellano.

### 1.2.  Jiyatattayiri / La diéresis (¨)

Este no es un fonema, sino es un signo que cumple el rol de alargar vocales en el campo morfológico del idioma aymara, además este signo sólo trabaja con las vocales: ï – ä – ü. En la pronunciación, cuando se presenta la diéresis esta se debe pronunciar de forma alargada, es decir en dos tiempos seguidos como si fueran 2 vocales: ï=ii, ä=aa, ü=uu.

Por otro lado, existen varias formas de alargamiento vocálico:

a) **Cuando cambia el sentido de la palabra:**
   Chaka (puente) – Chäka (tallo)

b) **Cuando se contrae una palabra:**
   Paya (dos) = Pä (dos)
   Khaya (aquel) = Khä (aquel)

c) **Cuando se unen dos palabras:**
   Chika uru = Medio día / Chiküru = Medio día

d) **Cuando señala el lugar:**
   Mayïri (primero) / Payïri (segundo)

e) **Cuando conjugamos los verbos en futuro, pasado testimonial y pasado no testimonial:**
   Sarä (iré) / Arsü (hablare) = en tiempo futuro
   Sarnaqayäta (yo caminaba) = en tiempo pasado testimonial
   Ikitäta (habías dormido) = en tiempo pasado no testimonial

*Román Pairumani Ajacopa*

## 1.3.    Jasaki arsuñataki / Tips para la pronunciación

Para una correcta y fácil pronunciación de las fonemas en el idioma aymara, es importante que se articule de forma correcta y en el lugar indicado en el cuadro fonético.

En el idioma aymara para obtener los sonidos no se necesita mayor fuerza, solamente se debe articular del lugar correcto, para lo cual a continuación se muestra el siguiente gráfico, donde además señala los lugares de donde se debe articular cada una de las letras.

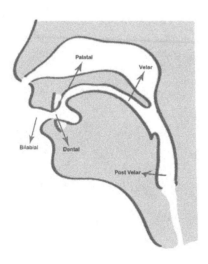

Gráfico 1: Puntos de articulación de los fonemas en el idioma aymara.

### 1.4. Lurawinaka / Ejercicios

**1)** Identifiquemos y escribamos las letras del castellano que no se utilizan en el idioma aymara / Uñt'añani ukatxa qillqt'añani kawkir qilqanakatix castillan arun utjki, ukatxa jan aymar qilqanakamp chikanchaski ukanaka.

..............................................................................

..............................................................................

..............................................................................

..............................................................................

**2)** Arsuña yatintañataki / Ejercicios de pronunciación

| /p/ jasa 'simple' | /ph/ phusiri 'aspirada' | /p'/ phalliri 'explosiva' |
|---|---|---|
| Panqara (flor) | Phallata (reventado) | P'iqi (cabeza) |
| Punku (puerta) | Phara (seco) | P'isaqa (perdiz) |
| Para (frente) | Phukhu (olla) | P'amp'achaña (enterrar) |
| Puraka (estómago) | Phuqha (lleno) | P'iqinchaña (encabezar) |
| Pirqa (pared) | Phichharaña (requemar) | P'akjaña (romper) |
| Paya (dos) | Phisi (gato) | P'usu (iñchazón) |
| Pilpintu (Mariposa) | Phathu (tupido) | P'axla (plano) |
| Pantjaña (fallar) | Phiru (feo) | P'iya (agujero) |

| /t/ jasa 'simple' | /th/ phusiri 'aspirada' | /t'/ phalliri 'explosiva' |
|---|---|---|
| Tunka (diez) | Thaya (viento) | T'ant'a (pan) |
| Tukuyaña (terminar) | Thaki (camino) | T'ukha (flaco) |
| Tunqu (maíz) | Thuru (grueso) | T'ikha (aretes de lana) |
| Tama (rebaño) | Thujru (bastón) | T'ijuña (correr) |
| Tinkuña (caer) | Thikhiña (mezclar) | T'alpha (aplanado) |
| Tayka (madre) | Thutha (polilla) | T'apaña (ir apenas) |
| Tapa (nido) | Thukjsaña (oliscar) | T'isnu (amarro) |

| /ch/ jasa 'simple' | /chh/ phusiri 'aspirada' | /ch'/ phalliri 'explosiva' |
|---|---|---|
| Chacha (hombre) | Chhijllaña (elegir) | Ch'uñu (chuño) |
| Chuyma (corazón) | Chhijuña (sentir miedo) | Ch'aphi (espina) |
| Challwa (pez) | Chhijchhi (granizo) | Ch'uxña (verde) |
| Chinu (amarro) | Chhijnuqaña (fundar) | Ch'alla (arena) |
| Chullpa (momia) | Chhuqhuña (punzar) | Ch'iyara (negro) |
| Churaña (dar) | Chhullunkha (hielo) | Ch'amaka (oscuro) |
| Chaka (puente) | Chhiwchhi (pollito) | Ch'akha (hueso) |
| Chira (pepa) | Chhama (áspero) | Ch'iji (césped) |

| /k/ jasa **'simple'** | /kh/ phusiri **'aspirada'** | /k'/ phalliri **'explosiva'** |
|---|---|---|
| Kunka (cuello) | Khuyuña (silvar) | K'acha (despacio) |
| Kanka (asado) | Khuchjaña (cortar) | K'iyaña (moler) |
| Kimsa (tres) | Khithuña (raspar) | K'allku (agrio) |
| Kunka (cuello) | Khurst'ayaña (alejar) | k'usillu (mono) |
| Kitaña (mezclar) | Khunu (nevada) | K'isimiri (ormiga) |
| Kayu (pie) | Khuchi (chancho) | K'ari (mentira) |
| Kuykuña (ir apenas) | Khaya (aquel) | K'iwcha (hígado) |
| Kachaña (ir a paso lento) | Khankha (áspero) | K'ask'a (desabrido) |

| /q/ **jasa** 'simple' | /qh/ phusiri 'aspirada' | /q'/ phalliri 'explosiva' |
|---|---|---|
| Qullu (cerro) | Qharuru (mañana) | Q'ala (pelado) |
| Qachu (hembra) | Qhilla (ceniza) | Q'asaña (gritar) |
| Qawra (llama) | Qhunaña (moler) | Q'awchiña (mascar) |
| Quta (lago) | Qhiri (fogón) | Qawa (quebrada) |
| Qamaqi (zorro) | Qhatu (mercado) | Q'añu (sucio) |
| Qinaya (nube) | Qhulliña (arar) | Q'uma (limpio) |
| Qimiña (apoyar) | Qhana (luz) | Q'ipi (bulto) |

| /s/ simple | /j/ simple | /x/ simple |
|---|---|---|
| Sillu (uña) | Jasa (simple) | Xaxu (picante) |
| Sataña (sembrar) | Jayu (sal) | |
| Saxra (diablo) | Jucha (pecado) | |
| Saraña (ir) | Janq'u (blanco) | |
| Suxta (seis) | Jayra (flojo) | |
| Sapuru (cada día) | Jayp'u (tarde) | |
| Suti (nombre) | Jikhani (espalda) | |
| Sunkha (bigote) | Jupha (quinua) | |

| /l/ jasa 'simple' | /ll/ jasa 'simple' |
|---|---|
| Lawa (palo) | Llamuyaña (escarbar) |
| Liwisiña (caer) | Llijuña (brillar) |
| Lupi (calor) | Llust'a (resbaloso) |
| Lik'i (gordo/cebo) | Lluparaña (destapar) |
| Laqa (pronto/rápido) | Lllusu (lleno) |

| /m/ simple | /n/ simple | /ñ/ simple |
|---|---|---|
| Maya (uno) | Nayra (ojo) | Ñasa (nariz) |
| Mistuña (salir) | Nina (fuego) | Ñik'uta (cabello) |
| Muxsa (dulce) | Nukt'aña (empujar) | Ñusata (podrido) |
| Muyuña (girar) | Nukhuña (empujar) | Ñanqha (maligno) |

| /w/ simple | /y/ simple |
|---|---|
| Warmi (mujer) | Yuqa (Hijo) |
| Wiskhu (Abarca) | Yapuchiri (Agricultor) |
| Wikhaña (arrancar) | Yapu (chacra) |
| Wayra (viento) | Yatichiri (profesor) |
| Walja (harto) | Yatiqiri (estudiante) |

| /r/ simple |
|---|
| Raxaña (rayar) |
| Ratuki (Rápido) |

*"Cada día sabemos más y entendemos menos".*

Albert Einstein

## 2.  QHANA SALLA QILQANAKA / VOCALES

En aymara existen tan solo 3 fonemas vocales como se ha indicado en el cuadro fonético, los mismos son: /*i*/, /*a*/, /*u*/; por lo tanto en el idioma aymara se escriben solamente con estas 3 vocales y no así con otros vocales.

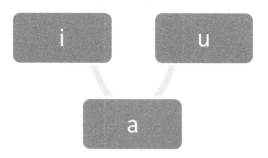

**2.1.  Arsuña yatintañataki / ejercicios de pronunciación**

| /a/ | /i/ | /u/ |
|---|---|---|
| Anu 'perro' | Isi 'ropa' | Usu 'enfermedad' |
| Achaku 'ratón' | Imaña 'guardar' | Uta 'casa' |

La pronunciación es igual que en el idioma castellano.

## 2.2. Arsuña qhana salla (arsuñaki) / Vocales alófonos

Es importante indicar que en el idioma aymara al momento de pronunciar las vocales: *i - u*, en algunos casos, o al conjugar con algunos consonantes estas cambian de sonido, a lo que llamamos sonidos alófonos o vocales alófonos (solo cambian en la pronunciación y no así en la escritura).

Cuando la vocal /i/ antecede o se presenta después de los fonemas postvelares /q/, /qh/, /q'/, /x/ el sonido se emite como si fuera vocal /e/.

De la misma manera, si la vocal /u/ se presenta antes o después de los fonemas postvelares /q/, /qh/, /q'/, /x/, el sonido se emite como si fuera una vocal /o/.

|  | Agudos | Intermedio | Graves |
|---|---|---|---|
| Cerrado | I |  | U |
| Semi-abierta | /e/ |  | /o/ |
| Abierta |  | A |  |
|  | Anterior | Central | Posterior |

**Fuente:** Teófilo Layme. 2005

Román Pairumani Ajacopa

A continuación se presente un cuadro con los ejemplos, descritos sobre los sonidos alófonos.

**2.3. Arsuña yatintañataki / Ejercicios de pronunciación**

| Aymara | Pronunciación | Castellano |
|--------|---------------|------------|
| Qullqi | *Qoll-qe* | Dinero |
| Warnuqaña | *War-no-qa-ña* | Derramar |
| Tuynuqaña | *Tuy-no-qa-ña* | Aterrizar |
| P'iqi | *P'e-qe* | Cabeza |
| Quta | *Qo-ta* | Lago |
| Q'ipiri | *Q'e-pi-ri* | Cargador |
| Quri | *Qo-ri* | Oro |
| Xaxu | *Xa-xo* | Picante |

**Importante:** En el idioma aymara no hay diptongos o choque de vocales como en el castellano. Cuando existen este tipo de choque, la vocal /i/ y la vocal /u/ cambian de escritura: i = y; u = w

**Ejemplo / Uñañchawi**

| Incorrecto | Correcto | Castellano |
|------------|----------|------------|
| **Huawya** | **Wa**yna | Joven |
| Auki | Awki | Papá |
| Taika | Tayka | Mamá |
| **Naira** | Nayra | Ojo |

*"La ciencia se compone de errores, que a su vez son los pasos hacia la verdad".*

Jules Verne

## 3. ARUNTASIWI / SALUDOS

En el idioma aymara se tiene diferentes formas de saludo, para su mejor comprensión vamos a conocer saludos formales y los saludos informales:

### 3.1 Saludos formales

Aski urukïpan kullaka / Buen día hermana

Aski urukïpanay jilata / Buen día hermano

Aski jayp'ukïpan kullaka / Buenas tardes hermana

Aski jayp'ukïpanay jilata / Buenas tardes hermano

Aski arumakïpan kullaka / Buenas noches hermana

Aski arumakïpanay jilata / Buenas noches hermano

## 3.2 Saludos informales

En el idioma aymara se tiene saludos en función al tiempo (madrugada, amanecer, temprano, media mañana, medio día, media tarde, etc.), y también en función a la relación de amistad (si es de confianza o no). A continuación se describen algunos ejemplos:

✓ Aski willjtakïpan (jilata) / Buen día hermano

❏ Aski willjtakïpanay (kullaka) / Buen día hermana

✓ Aski alwakïpan (jilata) / Buen día hermano

❏ Aski alwakïpanay (kullaka) / Buen día hermana

✓ Kamisaki (jilata) / Cómo estas hermano! / Hola hermano

❏ Waliki (kullaka) / Bien

✓ Kamis kunjamäsktas (jilata) / Cómo estas hermano!

❏ walikisktwa (kullaka) / Estoy bien

Se utiliza el término Jilata (hermano) y Kullaka (hermana) simplemente como ejemplo, los cuales se pueden reemplazar.

## 3.3 Arunaka / Vocabulario

A continuación se enlista las palabras que se han utilizado en los saludos.

- ✓ Aski (Bien/Bueno)

- ✓ Uru (Día)

- ✓ Willjta (Madrugada)

- ✓ Alwa (Temprano)

- ✓ Jayp'u (Tarde)

- ✓ Aruma (Noche)

- ✓ Kamisaki (¿Cómo estás?)

- ✓ Waliki (Bien)

- ✓ Kamisa (¿Cómo?)

- ✓ Kunjama (¿Cómo?)

## 3.4 Lurawinaka / Ejercicios

Jichhax aruntasiwi aymara aruna phuqhachañani/
Ahora vamos a completar los saludos en aymara.

✓ ………… alwakïpan jilata/ Buen día hermano

❑ Aski alwakïpanay ………. / Buen día
hermana

✓ ………… jayp'ukïpan ………….../ Buenas tardes
hermano

❑ ……………… jayp'ukïpanay ………. / Buenas
tardes hermana

✓ ………… arumakïpan …………..../ Buenas noches
hermana

❑ ……………. arumakïpanay ………. / Buenas
noches hermano

✓ ………… willjtakïpan ……………./ Buen día
hermano

❑ ……………. willjtakïpanay ………. / Buen día
hermana

*"El conocimiento no es una vasija que se llena, sino un fuego que se enciende".*

Plutarco

## 4. SARXAÑ ARUNAKA/ DESPEDIDAS

En aymara se tienes diferentes formas de despedida, cada una de estas están asociados con las expresiones del tiempo.

Jikisiñkam kullaka / Hasta luego hermana

Jikisiñkamay jilata / Hasta luego hermano

A continuación se enlista algunas despedidas:

- ✓ Qharürkam jilata / Hasta mañana hermano
  - ○ Qharürkamay kullaka / Hasta mañana hermana

- ✓ Arumanthkam jilata / Hasta mañana hermano
  - ○ Arumanthkamay kullaka / Hasta mañana hermana
- ✓ Qhipürkam jilata / Hasta otro día hermano
  - ○ Qhipürkamay kullaka / Hasta otro día hermana
- ✓ Chikürkam jilata / Hasta medio día hermano
  - ○ Chhikürkamay kullaka / Hasta medio día hermana
- ✓ Jayp'ukam jilata / Hasta la tarde hermano
  - ○ Jayp'ukamay kullaka / Hasta la tarde hermana
- ✓ Arumkam jilata / Hasta la noche hermano
  - ○ Arumkamay kullaka / Hasta la noche hermana
- ✓ Qharayp'kam jilata / Hasta mañana en la tarde hermano
  - ○ Qharayp'kamay kullaka / Hasta mañana en la tarde hermana
- ✓ Jurpürkam jilata / Hasta pasado mañana hermano
  - ○ Jurpürkamay kullaka / Hasta pasado mañana hermana

- ✓ Jurpärmathkam jilata / Hasta mañana pasado en la mañana hermano
  - ○ Jurpärmathkamay kullaka / Hasta mañana pasado en la mañana hermana
- ✓ Jutiri phaxsikam jilata / Hasta el siguiente mes hermano
  - ○ Jutiri phaxsikamay kullaka / Hasta el siguiente mes hermana
- ✓ Jutiri marakam jilata / Hasta el siguiente año hermano
  - ○ Jutiri marakamay kullaka / Hasta el siguiente año hermana
- ✓ Sarxä jilata / Me iré/me voy/chao hermano
  - ○ Sarxmay kullaka / Ándate/ chao hermana
- ✓ Sarxapxañän jilatanaka / Vámonos hermanos
  - ○ Sarxapxañäniy kullaka / Vámonos hermana

## 4.1. Arunaka / Vocabulario

A continuación se enlistan las palabras nuevas que se han utilizado en las despedidas:

- ✓ Qharuru (el día de mañana)
- ✓ Arumanthi (el día de mañana)

- ✓ Qhipüru  (otro día)
- ✓ Chiküru (medio día)
- ✓ Qharayp'u  (mañana en la tarde)
- ✓ Jurpüru (pasado mañana)
- ✓ Jurpärmathi (pasado mañana en la mañana)
- ✓ Jutiri (siguiente)
- ✓ Phaxsi (Luna /mes)
- ✓ Mara (año)
- ✓ Sarxä (me voy/chao)
- ✓ Sarxapxañän (Vámonos)

## 4.2.    Lurawinaka / Ejercicios

Jichhax     sarxañ     arunaka     aymara     aruna phuqhachañani/ Ahora vamos a completar las despedidas en aymara.

- ✓ ……………… jilata / Hasta mañana hermano
  - o   Qharürkamay ……………… / Hasta mañana hermana
- ✓ Jutiri ……………… jilata / Hasta el siguiente mes hermano
  - o   ………… phaxsikamay …………… / Hasta el siguiente mes hermana

- ✓ ......................... jilata / Hasta pasado mañana hermano
  - ○ Jurpürkamay ...................../ Hasta pasado mañana hermana
- ✓ ................... jilata / Me iré/me voy/chao hermano
  - ○ ................... kullaka / Ándate/ chao Hermana
- ✓ ......................... jilata / Hasta mañana hermano
  - ○ ................... .................. / Hasta mañana hermana

*"Los límites de mi lenguaje son los límites de mi mente".*

Ludwig Wittgenstein

## 5. SUTI LANTINAKA/ PRONOMBRES

En aymara se tiene los pronombres al igual que en otros idiomas, a continuación desarrollamos cada uno de ellos:

### 5.1. Suti lantinaka / Pronombres personales

Es importante que se pueda aprender los pronombres personales, para que más adelante pueda conjugar sin ninguna dificultad.

| Suti Lantinaka | Pronombres Personales |
|---|---|
| Naya | Yo |
| Juma | Tu |
| Jupa | Él/Ella |
| Jiwasa | Nosotros/as (Incl.) |
| Nanaka | Nosotros/as (Excl.) |
| Jumanaka | Ustedes |
| Jupanaka | Ellos |

Respecto a *Jiwasa* y *Nanaka* (Nosotros), la diferencia está en que el primero es incluyente y el segundo excluyente.

Imaginemos que yo soy profesor y estoy en un aula con 20 estudiantes, cuando expreso *Jiwasa* me refiero a los 20 estudiantes incluyéndome a mí (profesor); ahora imaginemos, como profesor divido u organizo a los estudiantes en 2 grupos, cada uno conformado por 10 estudiantes y yo me uno a uno de ellos, y cuando expreso *Nanaka* me estoy refiriendo solamente al grupo en el cual estoy participando excluyendo al otro grupo del aula.

### 5.2.  Sutilanti Mayjt'ayiri / Pronombres posesivos

Los pronombres posesivos son los más usuales en el idioma aymara, estos pronombres se conjugan con una palabra raíz y al conjugarse expresan la posesión.

| Wikunchañataki | Pronombres Posesivos |
|---|---|
| -ja | **Mi / Mis** (1ra persona) |
| -ma | **Tu / Tus** (2da persona) |
| -pa | **Su / Sus** (3ra persona) |
| -sa | **Nuestro / Nuestra /Nuestros** (1ra persona plural) |

A continuación vamos a ejemplificar los sufijos posesivos:

---

**-ja: mi / mis**

**Tata** = Papá

    Tata**ja** = **mi** papá

**Mama** = Mamá

    Mama**ja** = **mi** mamá

**Phisi** = Gato

    Phisi**ja** = **mi** gato

**Uta** = Casa

    Uta**ja** = **mi** casa

---

**-ma: tu / tus**

**Jila** = Hermano

    Jila**ma** = **tu** hermano

**Kullaka** = Herman

    Kullaka**ma** = **tu** hermana

**Phisi** = Gato

    Phisi**ma** = **tu** gato

---

**Uta** = Casa

Uta**ma** = **tu** casa

---

**-pa: su / sus**

**Tata** = Papá

Tata**pa** = **su** papá

**Mama** = Mamá

Mama**pa** = **su** mamá

**Phisi** = Gato

Phisi**pa** = **su** gato

**Uta** = Casa

Uta**pa** = **su** casa

---

**-sa: nuestro / nuestra / nuestros**

---

**Tata** = Papá

    Tata**sa** = **nuestro** papá

**Phisi** = Gato

    Phisi**sa** = **nuestro** gato

**Uta** = Casa

    Uta**sa** = **nuestra** casa

**Jila** = Hermano

    Jila**sa** = **nuestro** hermano

---

Se puede desarrollar ejemplos con diferentes palabras.

### 5.3.  Uñachayiri / Pronombres demostrativos

Los pronombres se utilizan cuando se sustituye a los sustantivos, en aymara se tiene los siguientes:

| Wikunchañataki | Pronombres Demostrativos |
| --- | --- |
| Aka | Ésto / Ésta |
| Uka | Éso / Ésa |
| Khaya | Aquél / Aquéllo |
| Khuri | Más allá |

A continuación vamos a ejemplificar los sufijos demostrativos:

---

### Aka: Ésto / Ésta

**Panka** = Libro

**Aka** panka = **éste** libro

### Uka: Éso / Ésa

**Punku** = Puerta

**Uka** punku = **ésa** puerta

### Khaya: Aquél / Aquélla

**Uta** = Casa

**Khaya** Uta = Aquélla casa

### Khuri: Más allá

**K'añasku** = Auto

**Khuri** k'añasku = **aquél** auto

---

Para aclarar el pronombre demostrativo *Khuri*, se utiliza cuando está lejos o cuando hay una interferencia de otro elemento igual o similar, tal como se muestra en el siguiente gráfico:

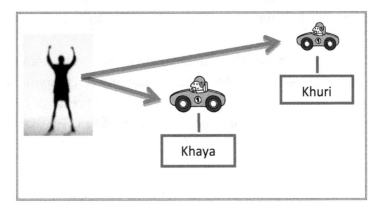

Gráfico 2: Pronombre demostrativo **khuri**

## 5.4.   Jiskt'awi sutilanti / Pronombres interrogativos

Los pronombres interrogativos se utilizan para hacer las preguntas, en muchas ocasiones son imprescindibles para una conversación, por lo que a continuación se muestra los pronombres interrogativos usuales en el idioma aymara.

| Jiskt'añataki | Pronombres Interrogativos |
|---|---|
| Kuna | ¿Qué? |
| Khiti | ¿Quién? |
| Qawqha | ¿Cuánto? |
| Kawki | ¿Dónde? |

| Kunapacha/Kunaqata | ¿Cuándo? |
| Kunjama | ¿Cómo? |
| Kawkiri | ¿Cuál? |
| Kunata | ¿Por qué? |

Los pronombres interrogativos son muy usuales en las conversaciones. Para hacer preguntas en aymara se utilizan sufijos, y existen varios sufijos. En este caso para conjugar el pronombre interrogativo se utiliza el sufijo:

**–sa**

A continuación desarrollamos ejemplos con algunos pronombres:

Kunasa? / ¿Qué es?

Akax kunasa? / ¿Qué es esto?

**Aka:** pronombre demostrativo ESTO
**-xa:** sufijo tópico (no significa nada, solo se utiliza para suavizar palabras)
**Kuna:** pronombre interrogativo ¿QUÉ?
**-sa:** pronombre interrogativo (se utiliza para hacer preguntas)

Juman sutimax kunasa? / ¿Qué es tu nombre?

Khitisa? / ¿Quién es?

Jupax khitisa? / ¿Quién es él/ella?

Tatamax khitisa? / ¿Quién es tu papá?

Qawqhasa? / ¿Cuánto es?

Akax qawqhasa? / ¿Cuánto es esto?

### 5.5.    Lurawinaka / Ejercicios

Jichhax aymara aruta sutilantinaka qilqt'añani/
Ahora vamos a  escribir los pronombres en aymara:

| | |
|---|---|
| Yo | ............................................ |
| Tu | ............................................ |
| Él/Ella | ............................................ |
| Nosotros/as (Incl.) | ............................................ |
| Nosotros/as (Excl.) | ............................................ |
| Ustedes | ............................................ |
| Ellos | ............................................ |
| Mi papá | ............................................ |
| Tu mamá | ............................................ |
| Su hermano | ............................................ |
| Nuestro gato | ............................................ |
| Ése Libro | ............................................ |
| Aquélla casa | ............................................ |
| ¿Quién es? | ............................................ |
| ¿Qué es tu nombre? | ............................................ |

*"Ser «perceptivo» significa ser capaz de detectar las contradicciones entre las palabras de una persona y el lenguaje de su cuerpo".*

Allan Pease

## 6. WILAMASI / FAMILIA

A continuación la lista de la familia, además de complementos.

| Aymara | Castellano |
|---|---|
| Tata | Papá, padre, señor |
| Mama | Mamá, madre, señora |
| Awki | Papá |
| Tayka | Mamá |
| Yuqa | Hijo |
| Phucha | Hija |
| Jila/jilata | Hermano / primo |
| Kullaka/Luluku | Hermana / prima |
| Jilïri jila/kullaka | Hermano(a) mayor |
| Sullkïri jila/kullaka | Hermano(a) menor |

| | |
|---|---|
| **Chacha** | Hombre/esposo |
| **Warmi** | Mujer/ esposa |
| **Lari/ipu/tiwula** | Tío |
| **Ipala** | Tía |
| **Achachila** | Abuelo |
| **Awicha** | Abuela |
| **Qhipa awki** | Padrastro |
| **Qhipa tayka** | Madrastra |
| **Awkch'i** | Suegro |
| **Taykch'i** | Suegra |
| **Tullqa** | Yerno |
| **Yuxch'a** | Yerna / nuera |
| **Munata** | Enamorado/enamorada |
| **Parlata** | Novio/novia |
| **Allchhi** | Nieto/nieta |
| **Awki / Awkili /Achachi** | Viejo |

| | |
|---|---|
| Tayka /Taykali / Awila | Vieja |
| Ichuwawa | Ahijado |
| Ichutata | Padrino de bautismo |
| Ichumama | Madrina de bautismo |
| Wajcha | Huérfano |
| Ijma | Viudo/viuda |
| Wayna | Joven (varón) |
| Tawaqu | Joven (mujer) |
| Jisk'alala | Niño |
| lulu | Niña |
| Markamasi | Paisano |
| Masi | Amigo(a) /Compañero(a) |
| Ipasiri | Sobrino(a) |

En cuanto al hermano o hermana, muchas veces expresamos 'hermano/a mayor', 'hermano/a menor', incluso hermano intermedio. En esos casos se antepone las siguientes adjetivos / sutichirinaka:

| |
|---|
| Jiliri = Mayor |
| Sullka / Sullkïri = Menor |
| Taypiri / Intermedio |

A continuación algunos ejemplos:

| |
|---|
| **Jiliri** jila= Hermano mayor |
| **Jiliri** kullaka= Hermana mayor |
| **Taypiri** jila/ Hermano intermedio |
| **Sullka / Sullkïri** jila = Hermano menor |
| **Sullka / Sullkïri** kullaka = Hermana menor |

## 6.1.    Lurawinaka / Ejercicios

Jichhax aymara aruta qilqt'añani/ Ahora vamos a escribir en aymara.

✓ ............ alwakïpan ........./ Buen día abuelo

&#9633; ....................... .......... / Buen día hijo

✓ ........... jayp'ukïpan ............../ Buenas tardes primo

&#9633; ................. jayp'ukïpanay .......... / Buenas tardes prima

✓ ............................................../ Hasta luego tío

&#9633; ............... ................ / Hasta luego sobrino

✓ ....................... / Mi papá

✓ ....................... / Mi hermano mayor

✓ ....................... / Tu abuelo

✓ ....................... / Su abuelo

✓ ....................... / Nuestro tío

✓ ....................... / Tu sobrino

✓ ....................... / Su amigo

✓ ....................... / Quién es tu papá

*"Quien sea capaz de dominar su lenguaje llegará a poseerse".*

Enrique Rojas

## 7. LURAWINAKA / OCUPACIONES

A continuación la lista de las ocupaciones en el idioma aymara. Hay que tomar en cuenta que muchas ocupaciones no son propias por lo tanto generalmente se mantiene o se maneja en el castellano.

| Aymara | Castellano |
|---|---|
| Arxatiri | Abogado |
| Apnaqiri | Gobernador |
| Tatakura | Sacerdote |
| Qulliri | Medico |
| Yatichiri | Profesor |
| Palla palla | Policía |
| Aycha aljiri/Khariri | Carnicero |
| P'itiri | Tejedor |
| K'ullu khitu | Carpintero |
| Katukipa/alakipa | Comerciante |
| Phayiri | Cocinero |
| T'axsiri | Lavandero |
| Luqtiri/Maxt'a | Mozo |

| | |
|---|---|
| Utaluriri | Albañil |
| Uywiri | Granjero |
| Q'ipiri | Cargador |
| Q'iwiri | Chofer |
| Aljiri | Vendedor |
| Pichiri | Barrendero |
| Thuquri | Bailarín |
| Jaliri | Atleta |
| Phusiri | Músico |
| Jaylliri | Cantante |
| Ayru uñjiri | Jardinero |
| T'ant'a luriri | Panadero |
| Anatiri | Deportista |
| Yapuchiri | Agricultor |
| Jakhuri | Contador |

En función a la lista de las ocupaciones, se puede realizar diferentes conversaciones, a continuación algunos ejemplos:

✓ jumax kuna luriritasa / ¿Tu a qué te dedicas?

   o   Nayax yatiqiritwa / Yo soy estudiante

✓ Tatamax kuna luririsa / ¿Tu papá a qué se dedica?

   o   Tatajax yapuchiriwa / Mi papá es agricultor

✓ mama**pa**x kuna luririsa / ¿Su mamá a qué se dedica?

o mama**pa**x aljiriwa/ Su mamá es vendedora

### 7.1. Lurawinaka / Ejercicios

Jichhax aymara aruta qilqt'añani/ Ahora vamos a escribir en aymara.

✓ ....................../ Chofer

✓ ....................../ Profesor

✓ ....................../ Estudiante

✓ ....................../ Granjero

✓ ....................../ Comerciante

✓ ....................../ Abogado

✓ ....................../ Médico

✓ ....................../ Deportista

*"El sonido adquiere significado en mi vida, cuando puedo hablar más allá del lenguaje".*

Rodrigo Rodríguez

## 8. JAKHUNAKA /NÚMEROS

### 8.1.  Jakhunaka / Números Naturales

Para poder dominar los números en aymara, es importante primero aprender  del 1 a 10, puesto que luego los números se conjugan.

| | |
|---|---|
| 1 | maya |
| 2 | paya |
| 3 | kimsa |
| 4 | pusi |
| 5 | phisqa |
| 6 | suxta |
| 7 | paqallqu |
| 8 | kimsaqallqu |
| 9 | llätunka |
| 10 | tunka |

Repita cuantas veces sea necesario hasta dominarlo del 1 a 10.

A partir del 11 los números se conjugan:

**Ejemplo:**

---

## 11      tunka maya**ni**

**tunka** = 10      **Maya** = 1 y se debe agregar la terminación **-ni**

---

Hay que tomar en cuenta que se debe e añadir la terminación –ni a partir del número 11.

     12      tunka paya**ni**

     13      tunka kimsa**ni**

**NOTA:** El número **2** se contrae para expresar los números: 20 – 200 - 2,000 - 2,000,000 - etc.

---

## Paya = Pä

---

| | |
|---|---|
| 20 | pätunka |
| 21 | pätunka mayani |
| 25 | pätunka phisqani |
| 30 | kimsa tunka |
| 40 | pusi tunka |
| 50 | phisqa tunka |
| 100 | pataka |
| 101 | pataka mayani |
| 111 | pataka tunka mayani |
| 200 | pä pataka |
| 300 | kimsa pataka |
| 1,000 | waranqa |
| 2,000 | päwaranqa |
| 2016 | päwaranqa tunka suxtani |
| 1,000,000 | waranqan waranqapa |

## 8.2.    Wikunchir Jakhunaka / Números Ordinales

Los números ordinales en el aymara se escriben de manera similar a los números naturales, con la diferencia solamente en la terminación:

---

**Aclaración:**

Cuando la escritura de un número termina en el vocal **i** - **a** la terminación debe ser en: **ïri.**

Cuando la escritura de un número termina en la vocal **u** la terminación debe ser en: **üri.**

---

**Ejemplo:**

Maya = 1   ⟶   1ro      may**ï**ri

2do      pay**ï**ri

3ro      Kims**ï**ri

7mo      paqallr**ü**ri

| | |
|---|---|
| 8vo | kimsaqallq**üri** |
| 10mo | tunk**ïri** |

## 8.3.  Lurawinaka / Ejercicios

1) Aymara aruta jakhunaka qilqt'añani / Escribamos en aymara los números.

| | | | |
|---|---|---|---|
| 1. | ......................... | 23. | ......................... |
| 2. | ......................... | 24. | ......................... |
| 3. | ......................... | 25. | ......................... |
| 4. | ......................... | 26. | ......................... |
| 5. | ......................... | 27. | ......................... |
| 6. | ......................... | 28. | ......................... |
| 7. | ......................... | 29. | ......................... |
| 8. | ......................... | 30. | ......................... |
| 9. | ......................... | 31. | ......................... |
| 10. | ......................... | 32. | ......................... |
| 11. | ......................... | 33. | ......................... |
| 12. | ......................... | 34. | ......................... |
| 13. | ......................... | 35. | ......................... |
| 14. | ......................... | 36. | ......................... |
| 15. | ......................... | 37. | ......................... |
| 16. | ......................... | 38. | ......................... |
| 17. | ......................... | 39. | ......................... |
| 18. | ......................... | 40. | ......................... |
| 19. | ......................... | 41. | ......................... |
| 20. | ......................... | 42. | ......................... |
| 21. | ......................... | 43. | ......................... |

22. ............................        44. ...........................

45. ..............................  73. ..............................
46. ..............................  74. ..............................
47. ..............................  75. ..............................
48. ..............................  76. ..............................
49. ..............................  77. ..............................
50. ..............................  78. ..............................
51. ..............................  79. ..............................
52. ..............................  80. ..............................
53. ..............................  81. ..............................
54. ..............................  82. ..............................
55. ..............................  83. ..............................
56. ..............................  84. ..............................
57. ..............................  85. ..............................
58. ..............................  86. ..............................
59. ..............................  87. ..............................
60. ..............................  88. ..............................
61. ..............................  89. ..............................
62. ..............................  90. ..............................
63. ..............................  91. ..............................
64. ..............................  92.     ..........................
65. ..............................  93.     ..........................
66. ..............................  94.     ..........................
67. ..............................  95.     ..........................
68. ..............................  96.     ..........................
69. ..............................  97.     ..........................
70. ..............................  98.     ..........................
71. ..............................  99.     ..........................
72. ..............................  100.    ..........................

*"El lenguaje no sólo describe la realidad, sino que además es capaz de crearla...."*.

MARIO ALONSO PUIG

## 9. JAQI JANCHI / CUERPO HUMANO

### 9.1. Jaqi janchi / Cuerpo humano

A continuación las partes del cuerpo humano, también se mencionan algunos complementos:

| Aymara | Castellano |
| --- | --- |
| P'iqi | Cabeza |
| Ñik'uta | Cabello |
| Ajanu | Cara |
| Para | Frente |
| Nayra | Ojo |
| Nayra phichu | Ceja / pestaña |

| Nasa | Nariz |
|---|---|
| Jinchu | Oreja |
| Laka | Boca |
| Ispillu | Labio |
| Laka / laka ch'akha | Diente |
| Ankha | Mentón |
| Jikhani | Espalda |
| Wich'u / K'ili | Columna |
| Kunka | Cuello |
| Kallachi | Hombro |
| Chhiqhanqara | Axila |
| Jaraphi | Costilla |
| Puraka /phatanka | Estomago |
| Kururu | Ombligo |

| | |
|---|---|
| **Ampara** | Mano/brazo |
| **Mujlli** | Codo |
| **Moqu** | Articulación |
| **Luk'ana** | Dedo |
| **Tayka luk'ana** | Dedo pulgar |
| **Wikuchir luk'ana** | Dedo índice |
| **Jilir luk'ana** | Dedo mayor |
| **Surtija luk'ana** | Dedo anular |
| **Qallu luk'ana** | Dedo meñique |
| **Apar quta** | Palma de la mano |
| **Sillu** | Uña |
| **Thixni** | Cadera |
| **Chara** | Pierna |
| **Qunquri** | Rodilla |

| T'usu /Lankhu chara | Pantorrilla |
|---|---|
| kayu | Pie |
| Kayu quta | Planta del pie |

### 9.2. Jaqi manqha janchi / Anatomía

A continuación partes anatómicas del cuerpo humano y complementos:

| Aymara | Castellano |
|---|---|
| Laxra | Lengua |
| Lixwi | Seso |
| Lluqu | Corazón |
| Chuyma | Pulmón |
| Wila | Sangre |
| Mallq'a | Garganta |
| Jiphilla | Intestino |
| Phatanka | Pansa |
| K'iwcha | Hígado |
| Ch'akha | Hueso |
| Jaraphi | Costilla |

| | |
|---|---|
| **Maymuru** | Riñón |
| **Thusanqalla** | Saliva |
| **Anku** | Nervio |
| **Sirka** | Vena |

## 9.3.  Lurawinaka / Ejercicios

Jichhax aymara aruta qilqt'añani / Ahora vamos a escribir en aymara:

✓ ........................../ Cabeza

✓ ........................../ Mi cabeza

✓ ........................../ Mano

✓ ........................../ Tu ojo

✓ ........................../ Su lengua

✓ ........................../ Boca

✓ ........................../ Mi oreja

✓ ........................../ Tu nariz

✓ ........................../ Nuestro cabello

✓ ........................../ Tu mano

*"La enseñanza que deja huella no es la que se hace de cabeza a cabeza, sino de corazón a corazón".*

HOWARD G. HENDRICKS

## 10. JUYRANAKA / ALIMENTOS

En la parte andina donde se desarrolla la cultura y se habla el aymara, se tiene algunos alimentos que son originarios o típicos del lugar, sin embargo, también se tiene alimentos que se ha introducido con la colonización, es por eso que muchos alimentos mantienen su nombre del castellano.

| Aymara | Castellano |
|---|---|
| **Aycha** | Carne |
| **K'awna** | Huevo |
| **Wallpa aycha** | Pollo |
| **Challwa** | Pescado |
| **Arusa** | Arroz |
| **Asukara** | Azúcar |
| **Misk'i** | Miel |
| **Jak'u** | Harina |

| | |
|---|---|
| **Tunqu** | Maíz |
| **Jawasa** | Haba |
| **Millk'i tika / kisu** | Queso |
| **Millk'i** | Leche |
| **T'ant'a** | Pan |
| **Ch'uqi** | Papa |
| **Ulluku** | Papaliza |
| **Apilla** | Oca |
| **Siwulla/jumanpullu** | Cebolla |
| **Apichu** | Camote |
| **Jupha** | Quinua |
| **Qañawa** | Cañagua |
| **Jayu** | Sal |
| **Pirasa** | Pera |
| **Puquta** | Plátano |
| **Uwasa** | Uva |
| **Iwusa** | Higo |
| **Tunasa** | Tuna |
| **Ch'uñu** | Chuño |

| Tunta | Tunta |
|-------|-------|
| **Kaya** | Oca deshidratada |

## 10.1.  Lurawinaka / Ejercicios

Jichhax aymara aruta juyranaka qilqtáñani / Ahora vamos a escribir los alimentos en aymara:

- ✓ ............................/ Maíz
- ✓ ............................/ Mi quinua
- ✓ ............................/ Ésta papa
- ✓ ............................/ Ése queso
- ✓ ............................/ Su chuño
- ✓ ............................/ Tu haba
- ✓ ............................/ Carne
- ✓ ............................/ Huevo
- ✓ ............................/ Leche
- ✓ ............................/ Camote
- ✓ ............................/ Plátano
- ✓ ............................/ Pan
- ✓ ............................/ Pescado
- ✓ ............................/ Papliza
- ✓ ............................/ Oca

*"Dime y lo olvido, enséñame y lo recuerdo, involúcrame y lo aprendo".*

BENJAMIN FRANKLIN

## 11. UYWANAKA / ANIMALES

### 11.1. Uywanaka / Animales

En la parte andina existen diferentes animales, muchos fueron introducidos con la colonia.

| Aymara | Castellano |
|---|---|
| Wank'u | Conejo |
| Achaku | Ratón |
| Jararankhu | Lagarto |
| Khirkhi | Armadillo |
| Chulu | Puma |
| Uturunku | Tigre |
| K'ayra | Rana |
| K'usillu | Mono |
| Waka | Vaca |
| Urquwaka | Toro |
| Khuchi / Wiraxucha | Chancho |
| Phisi | Gato |
| Churisik'i | Boa |
| Asiru | Víbora |

| | |
|---|---|
| **Katari** | Víbora cascabel |
| **Qillwa** | Gaviota |
| **Mamani** | Gavilán |
| **Ch'usiqa /Jukumari** | Lechuza |
| **Jamp'atu** | Sapo |
| **Asnu / Qalakayu** | Burro |
| **Iwija** | Oveja |
| **Anu** | Perro |
| **Qarwa** | Llama |
| **Taruja** | Venado |
| **Ch'aphi qamaqi** | Erizo |
| **Qamaqi / Tiwula** | Zorro |
| **Añathuya** | Zorrino |
| **Jukumari** | Oso |
| **Chiñi** | Murciélago |
| **Pili / Unkälla** | Pato |
| **K'ank'a** | Gallo |
| **Wallpa** | Gallina |
| **Paka** | Águila |
| **Jamach'i** | Pájaro |
| **K'alla** | Loro |
| **Chhiwchhi** | Pollo |
| **Suri** | Ñandú |
| **Mallku / Kunturi** | Cóndor |
| **Siwiq'ara** | Buitre |
| **Waykhu/P'isaqa** | Perdiz |
| **Juku** | Búho |
| **Kawallu / Qaqilu** | Caballo |

### 11.2. Laq'unaka / Insectos

También se tiene una gran variedad de insectos, los mismos son considerados fundamentales para el desarrollo sostenible de la región.

| Aymara | Castellano |
|---|---|
| K'isimira / K'isimirita | Hormiga |
| Pilpintu | Mariposa |
| Laq'u | Gusano |
| Ch'uru | Caracol |
| Pankataya/tanka tanka | Escarabajo |
| Mamuraya / tamuraya | Abeja |
| Wayrunqu | Abejorro |
| Kusikusi | Araña |
| Qampu | Tarántula |
| Thaparaku | Mariposa nocturna |
| Ninanina | Luciérnaga |
| T'ijut'iju | Saltamontes |
| Sillq'u | Lombriz |
| Lap'a | Piojo |
| K'uti | Pulga |
| Ch'uspi | Mosquito |
| Chhichhillankha | Mosca |
| Sipi | Cucaracha |
| Churuku | Grillo |
| Ch'ampari | Sancudo |

| Qapuri | Tábano |
|---|---|

## 11.3.  Lurawinaka / Ejercicios

Jichhax aymara aruta uywanaka ukhamaraki laq'unaka qilqt'añani / Ahora vamos a escribir los animales y los insectos en aymara:

- ✓  ............................/ Mono
- ✓  ............................/ Tu caballo
- ✓  ............................/ Ése gato
- ✓  ............................/ Nuestra oveja
- ✓  ............................/ Su loro
- ✓  ............................/ Mono
- ✓  ............................/ Caracol
- ✓  ............................/ Mariposa
- ✓  ............................/ Mono
- ✓  ............................/ Abeja
- ✓  ............................/ Mono
- ✓  ............................/ Luciérnaga
- ✓  ............................/ Araña

Le invitamos a que pueda escribir más ejemplos:

*"En cuestiones de cultura y de saber, sólo se pierde lo que se guarda; sólo se gana lo que se da".*

ANTONIO MACHADO

## 12. SAMINAKA / COLORES

En aymara existen varios colores, los mismos son obtenidos de la propia naturaleza. Los colores que más sobresalen son: blanco, negro, café y plomo. A continuación los colores.

| Aymara | | Castellano |
|---|---|---|
| Janq'u | | Blanco |
| Ch'iyara | | Negro |
| Chupika/wila | | Rojo |
| Janq'u wila | | Rosado |
| Q'illu | | Amarillo |
| Churi | | Anaranjado |
| Larama | | Azul |
| Ch'uxña | | Verde |
| Janq'u larama | | Celeste |
| Uqi | | Plomo |

| | | |
|---|---|---|
| **Q'usni** | | Beige |
| **Ch'umphi** | | Café |
| **Kulli** | | Morado |
| **Ch'ixi** | .............. .............. | +de 2 colores |

En aymara muchos colores se combinan, es decir la denominación responde a la combinación de los colores.

A continuación algunos ejemplos:

**Janq'u** = Blanco
**Wila** = Rojo

**Janq'u wila = Rosado**

**Janq'u** = Blanco
**Larama** = Azul

**Janq'u larama = Celeste**

**Janq'u** = Blanco
**Ch'uxña** = Verde

**Janq'u ch'uxña = Verde Claro**

**Ch'iyara** = Negro
**Larama** = Azul

**Ch'iyara larama = Azul Oscuro**

A continuación algunos ejemplos de conversación:

✓ Akax kuna saminisa? /¿Éste de qué color es?

■ Ukax ch'iyarawa / Éso es negro

✓ Uka qarwax kuna saminisa? /¿Ésa llama de qué color es?

■ Uka qarwax ch'iumphí saminiwa / Ésa llama es de color negro

## 12.1. Lurawinaka / Ejercicios

Jichhax aymara aruta saminaka qilqt'añani / Ahora vamos a escribir los colores en aymara:

✓ ....................../ Negro

✓ ....................../ Blanco

✓ ....................../ Verde

✓ ....................../ Rojo

✓ ....................../ Azul

✓ ....................../ Amarillo

✓ ....................../ ¿Qué color es?

✓ ....................../ Es anaranjado

✓ ....................../ ¿Ésta oveja de qué color es?

✓ ....................../ Ésa oveja es de color plomo

*"Para viajar lejos no hay mejor nave que un libro".*

EMILY DICKINSON

## 13. PACHA SARAWI / EXPRESIONES DE TIEMPO

### 13.1.   Phaxsinaka / Meses

El calendario andino está compuesto por 13 meses según el calendario lunar, por eso la denominación:

### PHAXSI = LUNA

Si tomamos en cuenta el calendario lunar, la misma tiene 28 días, es decir cada mes está compuesto de 28 días, ahora si se multiplica por los 13 meses en total al año sería 364 días, sin embargo el año tienen 365. El día faltante es el 21 de junio y con eso son los 365 días al año.

También es importante señalar que el calendario andino está en función a la cruz andina. Si se hace una división imaginaria a la cruz andina al final se obtiene 13 cuadros, cada uno representa un mes, los extremos representan los solsticios y equinoccios, además los 4 lados representan las cuatro estaciones del año. A continuación el grafico en el cual se muestra lo descrito.

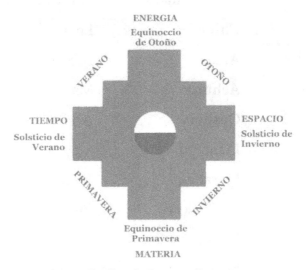

**Gráfico 2:** Cruz andina.
Fuente: http://instiefel.blogspot.com/2016/01/la-chakana-cruz-andina.html

Sin embargo, en la actualidad se maneja el calendario conformado por los 12 meses según el castellano (calendario gregoriano) y no así los 13 meses.

Cada uno de los meses tiene relación con la cosmovisión andina, básicamente están relacionadas con las principales actividades que se desarrollan, como la agricultura, ganadería y los rituales que se desarrollan.

A continuación los meses:

| Aymara | Castellano |
|---|---|
| Chinuqa | Enero |
| Anata | Febrero |
| Achuqa | Marzo |
| Qasiwi | Abril |
| Llamayu | Mayo |
| Marat'aqa | Junio |
| Willkakuti | Julio |
| Llumpaqa | Agosto |
| Sata | Septiembre |
| Taypi sata | Octubre |
| Lapaqa | Noviembre |
| Jallu qallta | Diciembre |

Como se ha indicado, cada uno de estos tiene que ver con la cosmovisión, a continuación de descripción de ello:

✓ **Chinuqa:** Relacionada con la producción de productos, mes en el cual se dan los primeros frutos.

✓ **Anata:** Viene del verbo infinitivo: **Anataña = jugar,** básicamente está relacionada con la fiesta de los carnavales. Es un mes de regocijo, por lo tanto se festeja a los animales, a los sembradíos y también a la madre naturaleza.

✓ **Achuqa:** Tiene que ver con la maduración de los frutos.

✓ **Qasiwi:** Mes donde caen las primeras heladas y se van marchitando las plantas, por lo tanto tiene que ver con el otoño.

✓ **Llamayu:** Es el mes de la cosecha.

✓ **Marat'aqa:** Es el año nuevo aymara, cada 21 de junio se celebra el año nuevo andino.

✓ **Willkakuti:** Significa regreso del sol, y esto tiene relación con el solsticio de invierno.

✓ **Llumpaqa:** Es el mes de las ofrendas a la *pachamama*, se dice que a la madre tierra primero se da para recibir, además hay que pedir un permiso para iniciar con las actividades agrícolas.

✓ **Sata:** Es el mes de la siembra.

✓ **Taypi sata:** Siembra intermedia.

✓ **Lapaqa:** Es la época primaveral.

✓ **Jallu qallta:** Significa inicio de la época de lluvia.

**13.2.** **Pacha sarawinaka / Estaciones del año**

| Aymara | Castellano |
|---|---|
| **Lapakpacha** | Primavera |
| **Jallupacha** | Verano |
| **Awtipacha** | Otoño |
| **Thayapacha** | Invierno |

**13.3.** **Pachana Urunaka / Días de la semana**

| Aymara | Castellano aymarizado | Castellano |
|---|---|---|
| **Inti uru** | Tuminku | Domingo |
| **Phaxsi uru** | Lunisa | Lunes |
| **Saxra uru** | Martisa | Martes |
| **Pacha uru** | Mirkulisa | Miércoles |
| **Illapa uru** | Juywisa | Jueves |
| **Ñanqha uru** | Wirnisa | Viernes |
| **Samaña uru** | Sawaru | Sábado |

Los días de la semana, también están en relación a la cosmovisión. A continuación la descripción:

- ✓ **Inti uru: Inti = Sol**; entonces significa día dedicada al sol.

- ✓ **Phaxsi uru: Pkaxsi = Luna;** día dedicada a la luna.

- ✓ **Saxra uru: Saxra = Malo / Diablo / Demonio / etc.** por lo tanto relacionado con lo malo.

- ✓ **Pacha uru: Pacha = Tiempo y espacio;** representa a la madre tierra.

- ✓ **Illapa uru: Illapa = Rayo;** relacionada con el rayo.

- ✓ **Ñanqha uru: Ñanqha = Malo / Diablo / Demonio / etc.** por lo tanto relacionado con lo malo.

- ✓ **Samaña uru: Samaña = Descanso;** día destinado para el descanso.

### 13.4. Pacha Chimpu / La hora

En aymara se maneja la hora en función al tiempo, tal como se muestra en el siguiente gráfico:

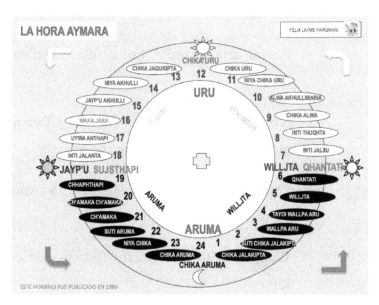

**Gráfico 3:** La hora en aymara. **Fuente:** Felix Layme

En la actualidad la hora se maneja en función al reloj y no así en función al tiempo. A continuación presentamos la forma de preguntar la hora y la respuesta:

- Kuna pachasa? / ¿Qué Hora es?
  o 08:25am: Kimsaqallqu **alwa**t pätunka phisqhani k'atanakaw saraqxi

- Kuna pachasa? / ¿Qué Hora es?
  - o 03:30pm: Kimsa **jayp'u**t kimsa tunka k'atanakaw saraqxi

- Kuna pachasa? / ¿Qué Hora es?
  - o 09:10pm: Llätunka **aruma**t tunka k'atanakaw saraqxi

- Kuna pachasa? / ¿Qué Hora es?
  - o 06:00am: Suxta **alwa** pachawa

- Kuna pachasa? / ¿Qué Hora es?
  - o 05:00pm: Phisqha **jayp'u** pachawa

- Kuna pachasa? / ¿Qué Hora es?
  - o 10:00pm: TUnka **aruma** pachawa

Como se puede observar en la hora se maneja las expresiones de tiempo, a continuación la lista de las palabras usuales.

### 13.5.   Arunaka / Vocabulario
- ✓ Alwa / temprano
- ✓ Jayp'u / tarde
- ✓ Aruma / noche
- ✓ Pacha / tiempo / hora

✓ K'ata / minuto

✓ Ch'ipxta / segunda

✓ Saraqxi / han transcurrido

✓ Warüru / ante ayer

✓ Wasüru / ayer

✓ Jichhuru / hoy

✓ Qharüru / mañana

✓ Jurpüru / pasado mañana

✓ Anchita / en este momento

## 13.6. Lurawinaka / Ejercicios

Aymara aruta qilt'am kunayman arunaka pacha tuqita / escriba en aymara las expresiones de tiempo.

...............................................................................

...............................................................................

...............................................................................

...............................................................................

...............................................................................

...............................................................................

...............................................................................

...............................................................................

...............................................................................

*"La educación no es preparación para la vida; la educación es la vida en sí misma".*

JHON DEWEY

## 14. ARUCHIRINAKA / VERBOS

Los VERBOS en aymara están en forma infinitivo, y trabajan con la terminación del sufijo nominal:

# -ÑA

Qillqa**ña** = Escribir

Anata**ña** = Jugar

Manq'a**ña** = Comer

Sara**ña** = Ir

Juta**ña** = Venir

Sarta**ña** = Levantarse

Como se puede ver en los ejemplos, todos los verbos terminan en el sufijo –ÑA y esto hace que estén en forma infinitiva.

### 14.1.  Frases de orden singular

Ahora, para formar frases de orden con los verbos se cambia el sufijo infinitivo **–ÑA** por el imperativo **–MA**  como se ve en el siguiente ejemplo:

**Ullaña** = **Leer** (lo reemplazo el sufiño **–ÑA** por el emperativo **–MA**) Ulla**m** = Lee (el imperativo –MA esta con elisión vocálica).  Al realizar este ejercicio un verbo cambia a una frase de orden.

| Verbos en forma infinitiva | | Frases de orden | |
|---|---|---|---|
| **Qilqaña** | Escribir | Qilqam | Escribí |
| **Juaña** | Venir | Jutam | Ven |
| **Saraña** | Ir | Saram | Vete |
| **Sarnaqaña** | Caminar | Sarnaqam | Camine |
| **Anataña** | Jugar | Anatam | Jugá |

Se recomienda que puedan realizar más ejercicios en casa.

## 14.2.    Frases de orden plural

Para pluralizar los verbos se utiliza el sufijo –PXA antes del imperativo –MA.

| Frases de orden singular | | Frases de orden plural | |
|---|---|---|---|
| **Qilqam** | Escribí | Qilqapxam | Escriban |
| **Jutam** | Ven | Jutapxam | Vengan |
| **Saram** | Vete | Sarapxam | Váyanse |
| **Sarnaqam** | Camine | Sarnaqapxam | Caminen |
| **Anatam** | Jugá | Anatapxam | Jueguen |

## 14.3.    Frases de orden singular negativa

Ahora, para formar frases de orden negativa se agrega:

**Jani** = No

**-ti** = Sufijo

| **Jan** Qilqam**ti** | No escribas |
|---|---|

## 14.4. Frases de orden plural negativa

Para frases de orden negativa plural se procede al igual que la frase de orden singular negativa, además de agregar el sufijo pluralizador.

| | |
|---|---|
| **Jan** Qilqapxamti | No escribas |

## 14.5. Lurawinaka / Ejercicios

Jichhax aruchirinaka aymarata qilt'añani / ahora escribamos los verbos en aymara:

................................................................

................................................................

................................................................

................................................................

................................................................

................................................................

................................................................

................................................................

................................................................

................................................................

*"La educación ayuda a la persona a aprender a ser lo que es capaz de ser".*

HESÍODO

## 15. CHIKACHIRI / SUFIJOS

Como indicamos el primer día, el idioma aymara es sufijante.

Hasta el momento, según los estudios lingüísticos se han podido identificar más de 250 sufijos, y seguro que más adelante aumentará la cantidad debido a que se sigue estudiando este idioma.

A continuación se mencionamos los sifijos más usuales en aymara:

### 15.1.    Sufijos nominales

**-ru: Direccional: a / hacia**

Utaru: a casa

Qhaturu: al mercado

**-ta: Procedencia: de / desde**

Utata: de casa

Utajata: de mi casa

Cochabambata: de Cochabamba

**-na: Posesivo / Locativo: de / en**

Tatajana: de mi papá

Munirimana: de tu enamorado/a

El Altona: en El Alto

Achacachina: en Achacachi

**-nki: Genitivo de Procedencia**

Aka utax tataja**nki**wa: esta casa es de mi papá

**-nkiri: Lugareño: de**

Cochabamba**nkiri**: de Cochabamba (se refiere a la persona que se encuentra en Cbba.)

Viachan**kiri**: de Viacha

**-kama: Limitativo: hasta / entre**

Utakama: hasta la casa

Chachakama: entre hombres

**-taki: Destinativo: para**

Jupataki: para él/ella

Tatajataki: para mi papá

**-pura: Recíproco: entre**

Chachapura: entre hombres

**-mpi: Instrumentativo: con / y / más / , /**

Jumampi nayampi: tu y yo

Wilampi q'illumpi ch'uxñampi: rojo, amarillo y verde

**-layku: Causativo: por / a causa de / debido a ...**

Jumalayku: por ti

Tatajlayku: por mi papá

### 15.2. Sufijos independientes

**-xa: Tópico:** Este va acompañado a los nominales, verbos: dependiendo mucho de la posición del contexto. No significa nada pero es un suavizador de palabras.

**-wa: Afirmativo:** señala la afirmación absoluta, sea positiva o negativa, también trabaja como verbo auxiliar.

Jupawa: él es

Janiw munkti: no quiero

**-sa: Interrogativo/informativo:** enfatiza los pronombres interrogativos, para formar preguntas.

Khitisa?: ¿Quién es?

**-ti: Interrogativo / negativo: 2 funciones.**

**1ro: Forma oraciones interrogativas ya sean positivas o negativas**

Jupati?: ¿él es?

Janiti?: ¿No?

**2do Identifica oraciones negativas**

Janiw munk**ti:** no quiero

Janiw jutki**ti:** no viene

**-sti: Interrogativo: ¿y?**

Juma**sti:** ¿y tu?

**-raki: Aditivo / Intercalador: está / también / y /**

Jupa**raki:** él también

Khiti**raki:** ¿Quién es?

**-ra: Continuativo: todavía / aun**

Jani**ra:** todavía no

**-ki: Limitativo: no más / solamente**

Jupa**ki:** él nomas

Jupa**ki**wa: él no mas es

**-pï: Reafirmativo: pues**

Jupapï: él es pues

Jutatapï: vas a venir pues

**-puni-pini: Definitivo: siempre**

Janipuniwa: no siempre

Jupapuniwa: él siempre es

*Román Pairumani Ajacopa*

## Referencias bibliográficas

Chavez, T. G., & Chambi, C. M. (2010). *Aymarat Aruskipañ
Yatiqañanai: Armara Básico. 2da Edición.* El Alto: OFFSET -
ALEXANDER.

Laime, A. T. (2005). *Kunjams Aymaran Qillqt'añäni: Cómo Escribir
en Aymara.* La Paz, Bolivia: Offset VISÓN.

Laime, A. T., & Lucero, M. V. (2008). *Aru Imara, Aru Jayma:
Descolinización y Comunarización Lingüisticas.* La Paz,
Bolivia: Creart.

**Anexos**

## CONVERSACIÓN

Kunas sutimaxa? /¿Cuál es tu nombre?

Sutijax Alejandrawa / Mi nombre es Alejandra

Qhawqha maranitasa? / ¿Cuántos años tienes?

Pä tunka maranitwa / Tengo 20 años

Kamisaki / kunjamasktasa? / ¿Cómo estás?

Walikisktwa / Estoy bien

Kamisaki / kunjamasktasa? / ¿Cómo estás?

Walikisktwa / Estoy bien


## PALABRAS USUALES

Mä suma jutawi / Bienvenido

Ampi suma / Por favor

Pay / Gracias

# EN LA ESCUELA

| Aymara | Castellano |
|---|---|
| Irpiri | Director |
| Yatichiri | Profesor |
| Yatiqiri | Estudiante |
| Yatiñ uta | Escuela/colegio/ universidad |
| Ullaña | Leer |
| Qillqaña | Escribir |
| Ist'aña | Escuchar |
| Arsuña | Hablar |
| Panka | Libro |
| Qillqañ panka | Cuaderno |
| Arupirwa | Diccionario |
| Ullañ uta | Biblioteca |
| Qillqañ pirqa | Pizarra |
| Qillqañ pichaña | Borrador |
| Laphi | Hoja |
| Qillqaña | Lápiz |
| Siq'iña | Regla |

# ADJETIVOS

| Aymara | Castellano |
|---|---|
| Walja | Mucho |
| Juk'a | Poco |
| Jach'a | Grande |
| Tantiyu | Mediano |
| Jisk'a | Pequeño |
| Phisna | Liviano |
| Jathi | Pesado |
| Machaqa | Nuevo |
| Murqu | Desgastado |
| Thantha | Viejo |
| Xaxu | Picante |
| K'allk'u | Agrio |
| Moxsa | Dulce |
| Ch'aphaqa | Sin sal / falta de sal |
| Jasa | Fácil |
| Ch'ama | Difícil |
| Qhulu | Duro |
| Jiwaki | Bonito/a |
| Phiru | Feo/a |

CPSIA information can be obtained
at www.ICGtesting.com
Printed in the USA
LVHW031649300921
699149LV00012B/383

9 781729 254820